ANIMAIS

LIVRO DE COLORIR

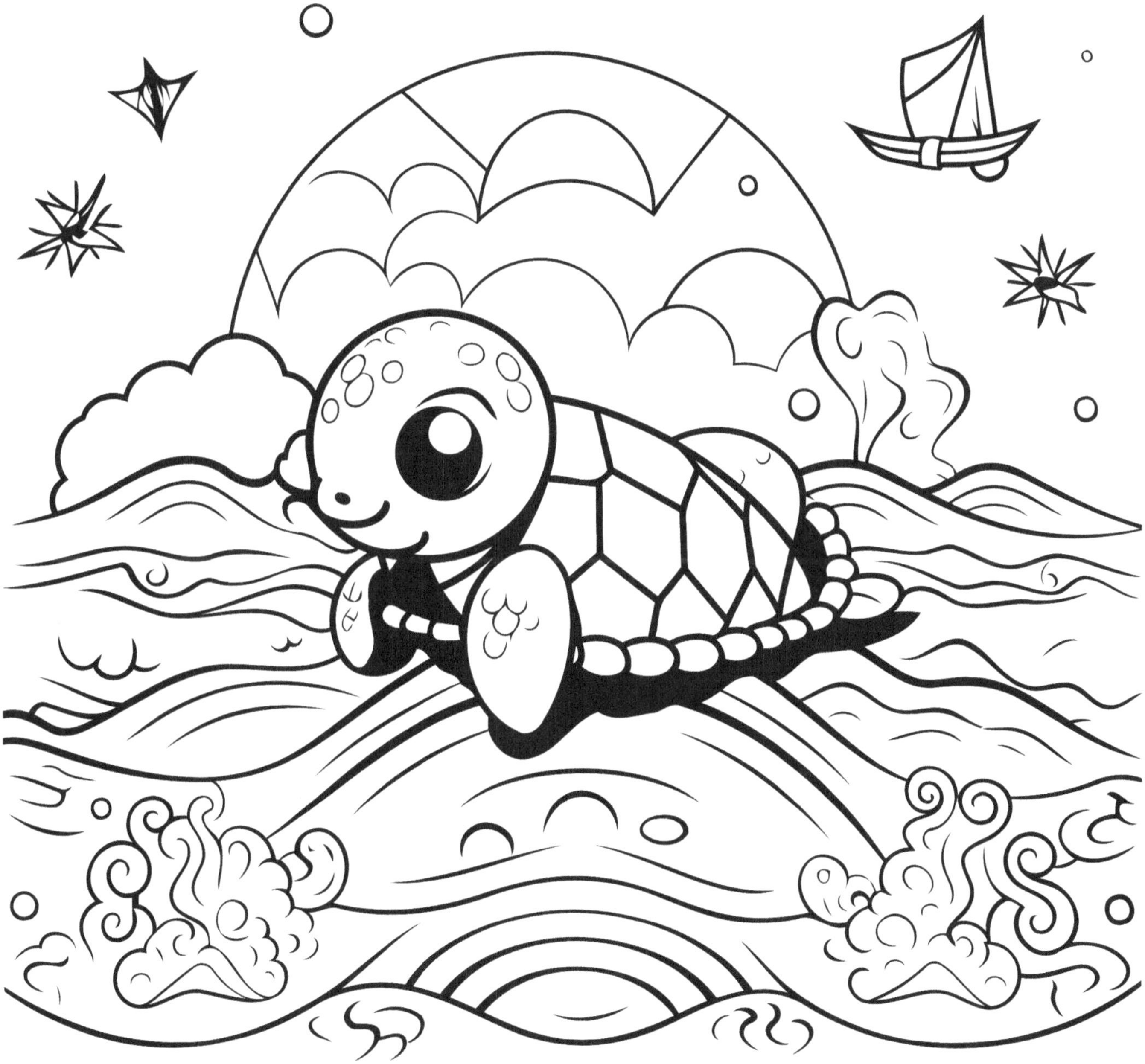

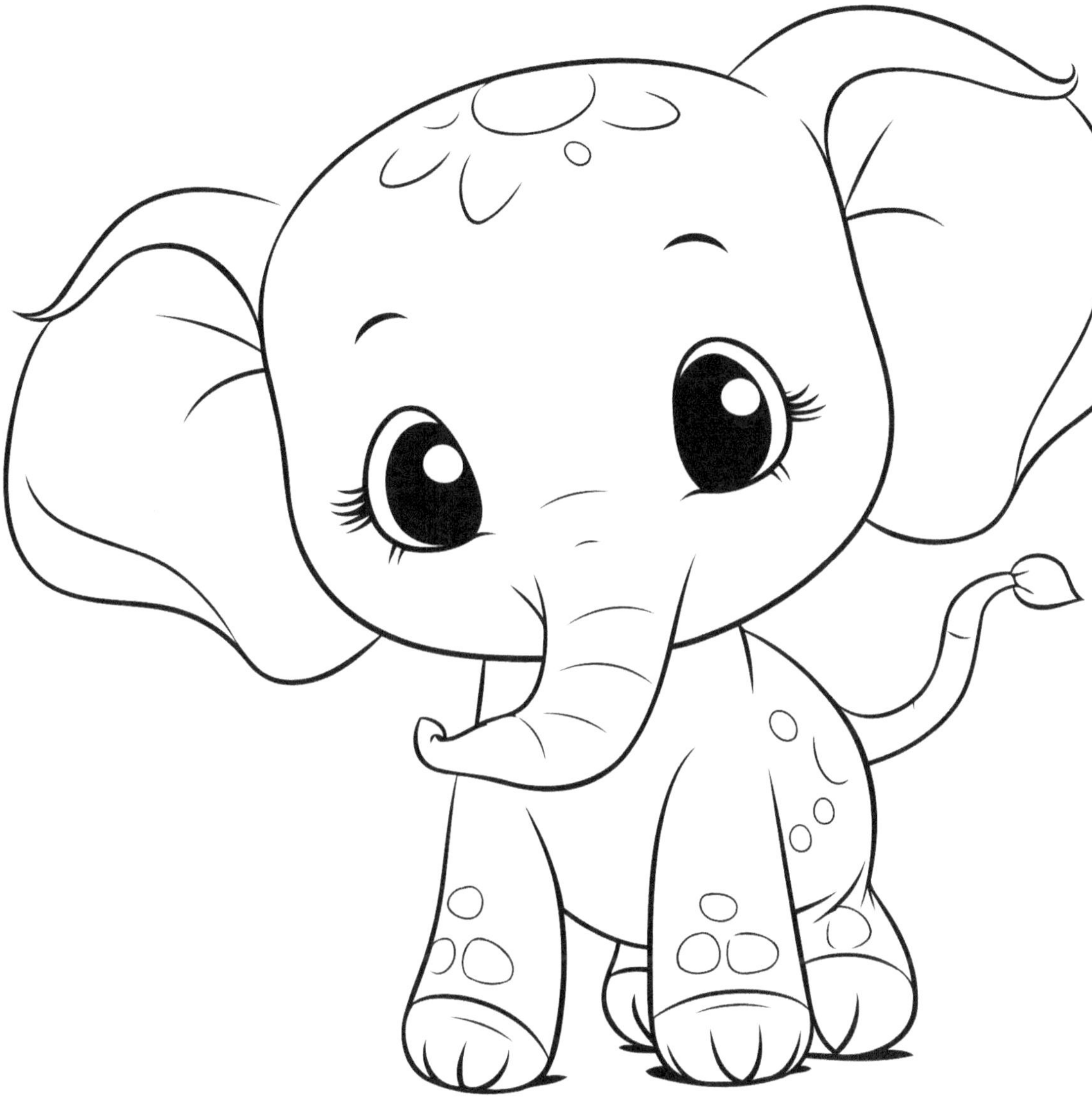

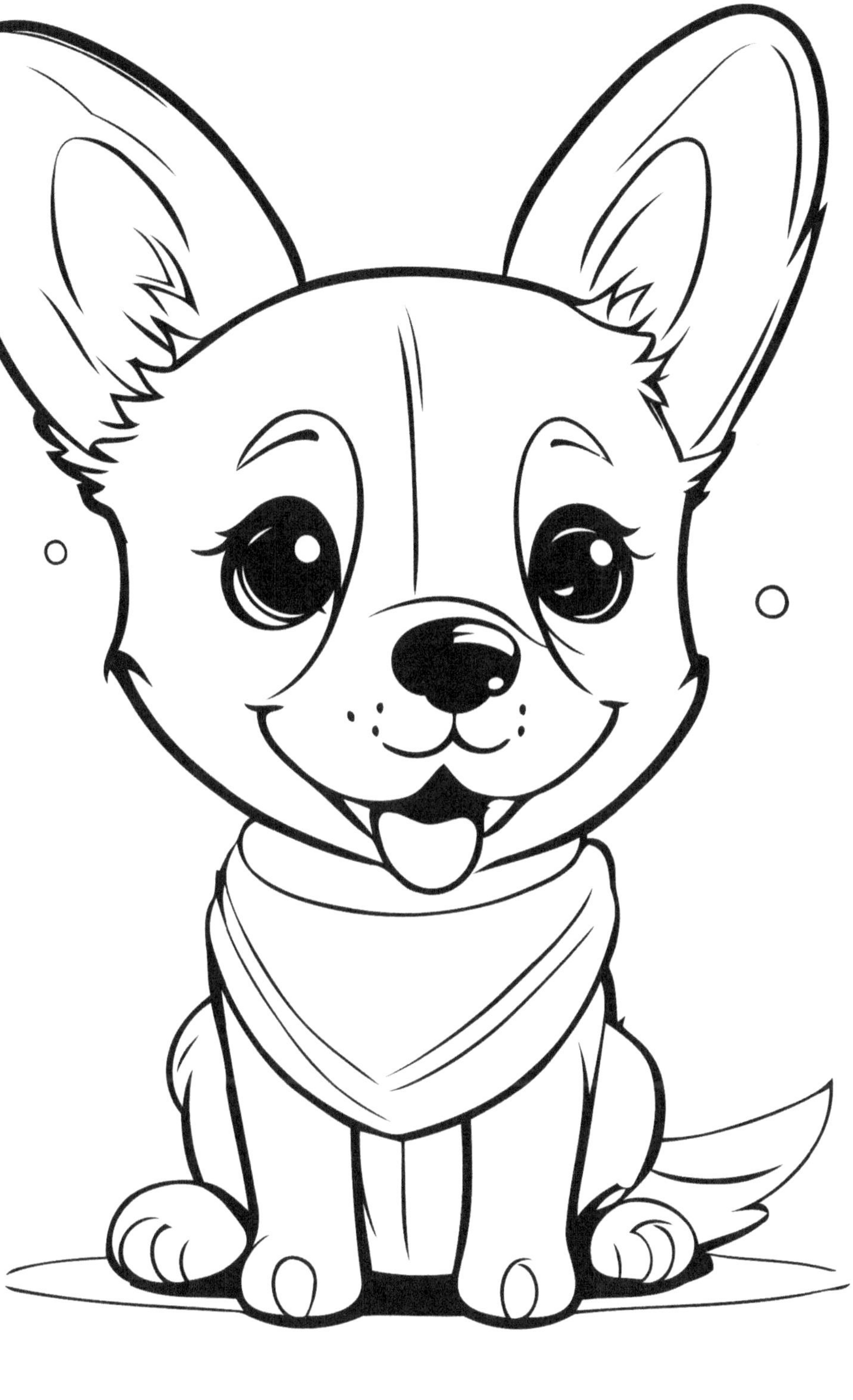

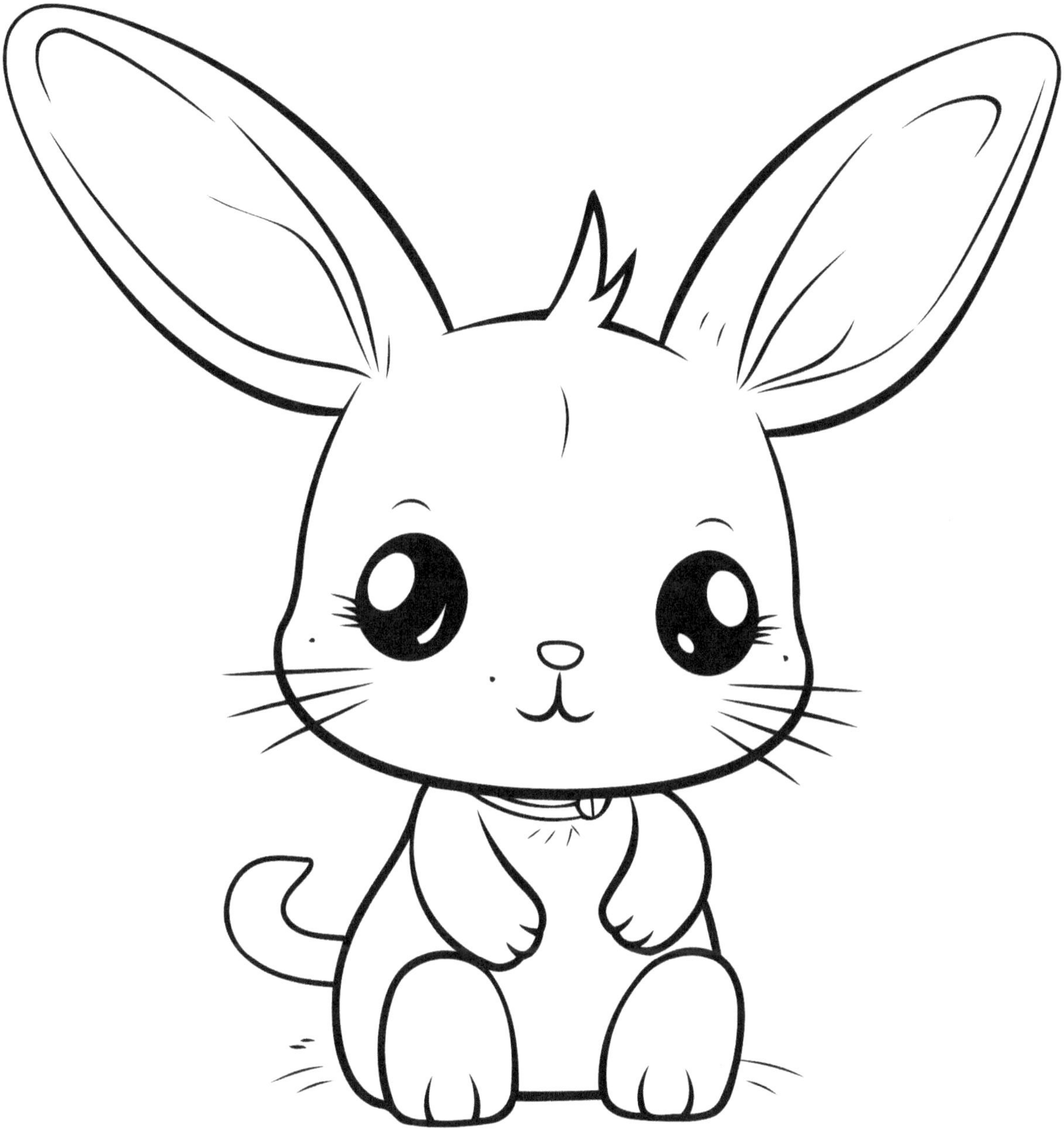

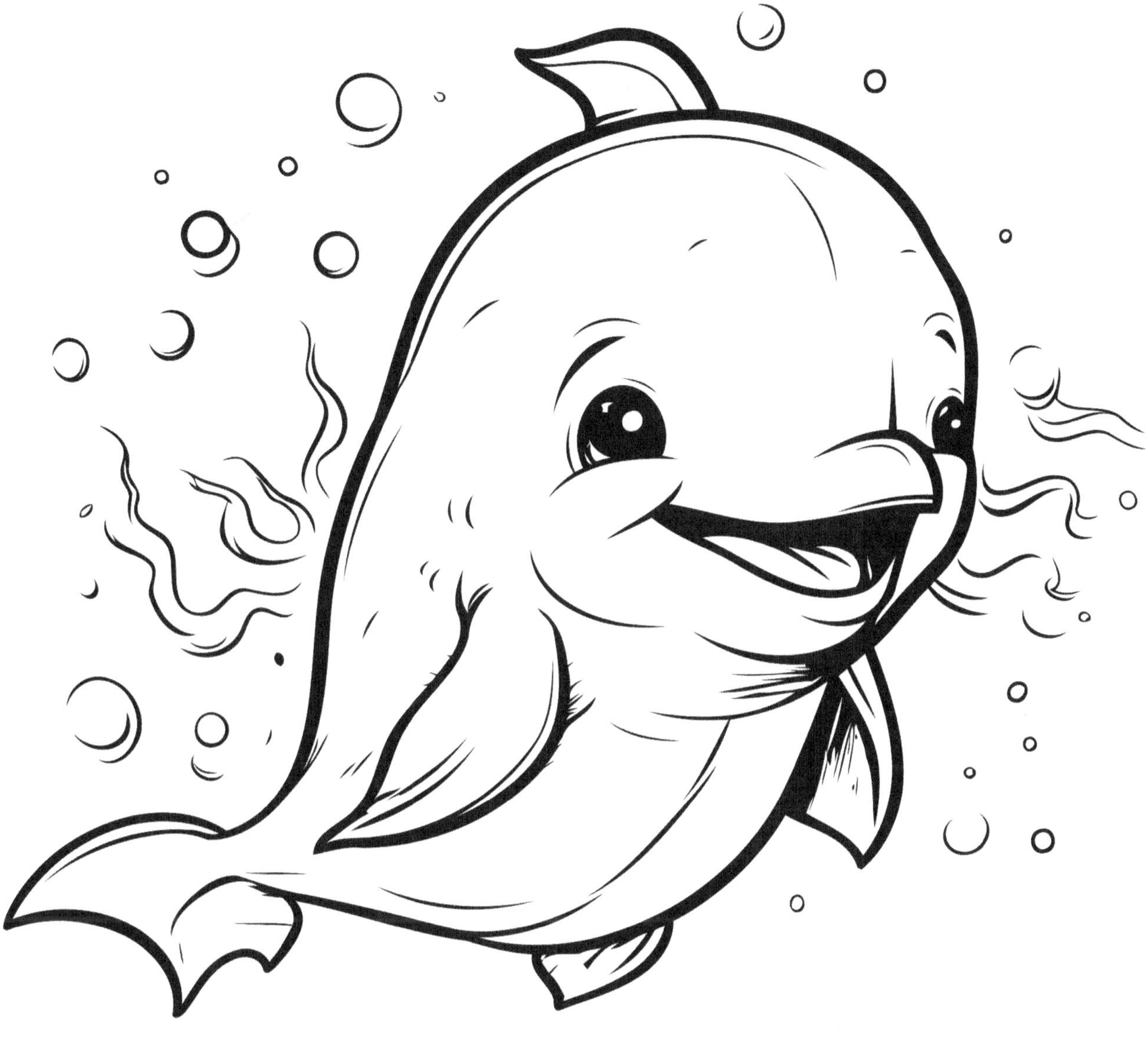

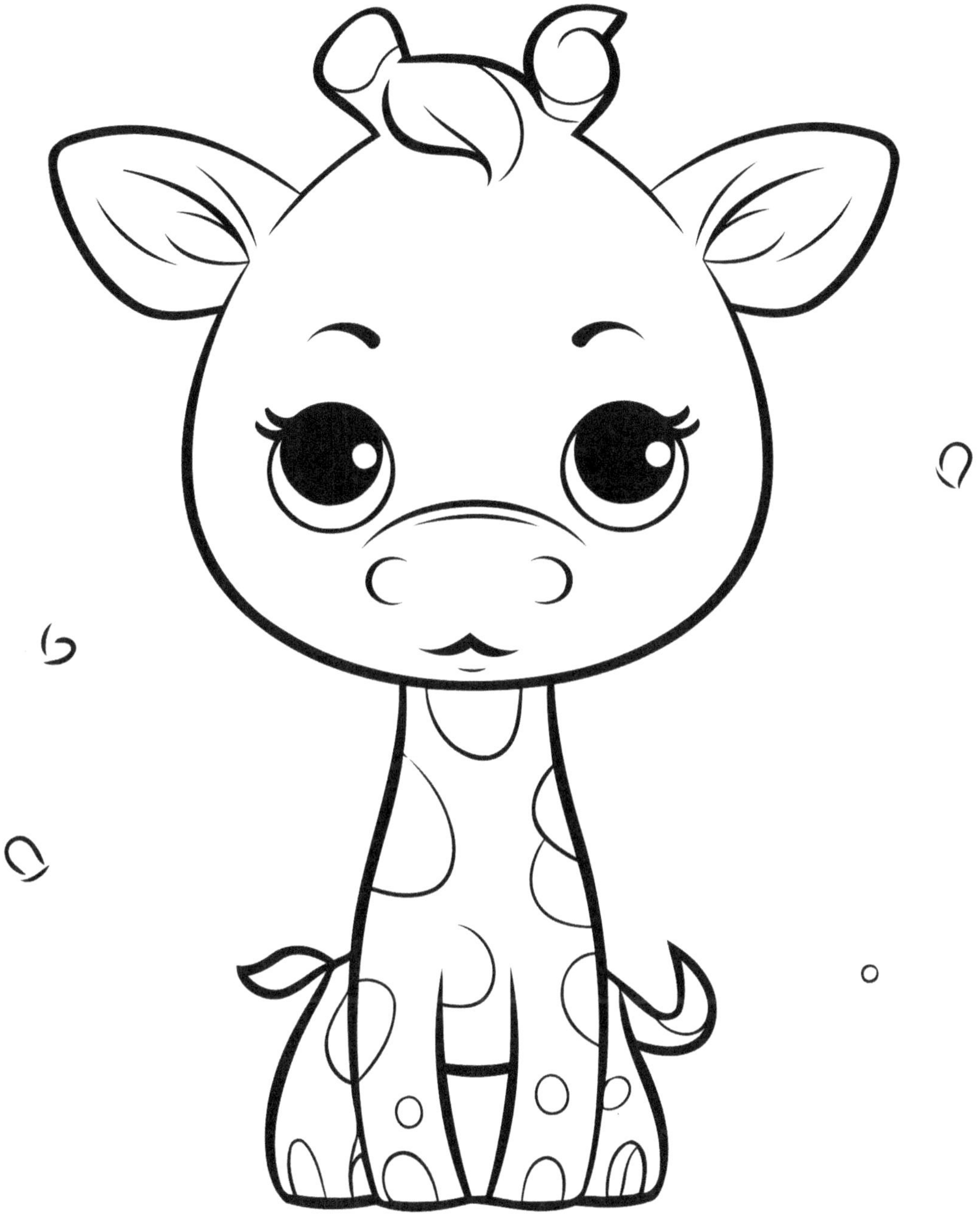

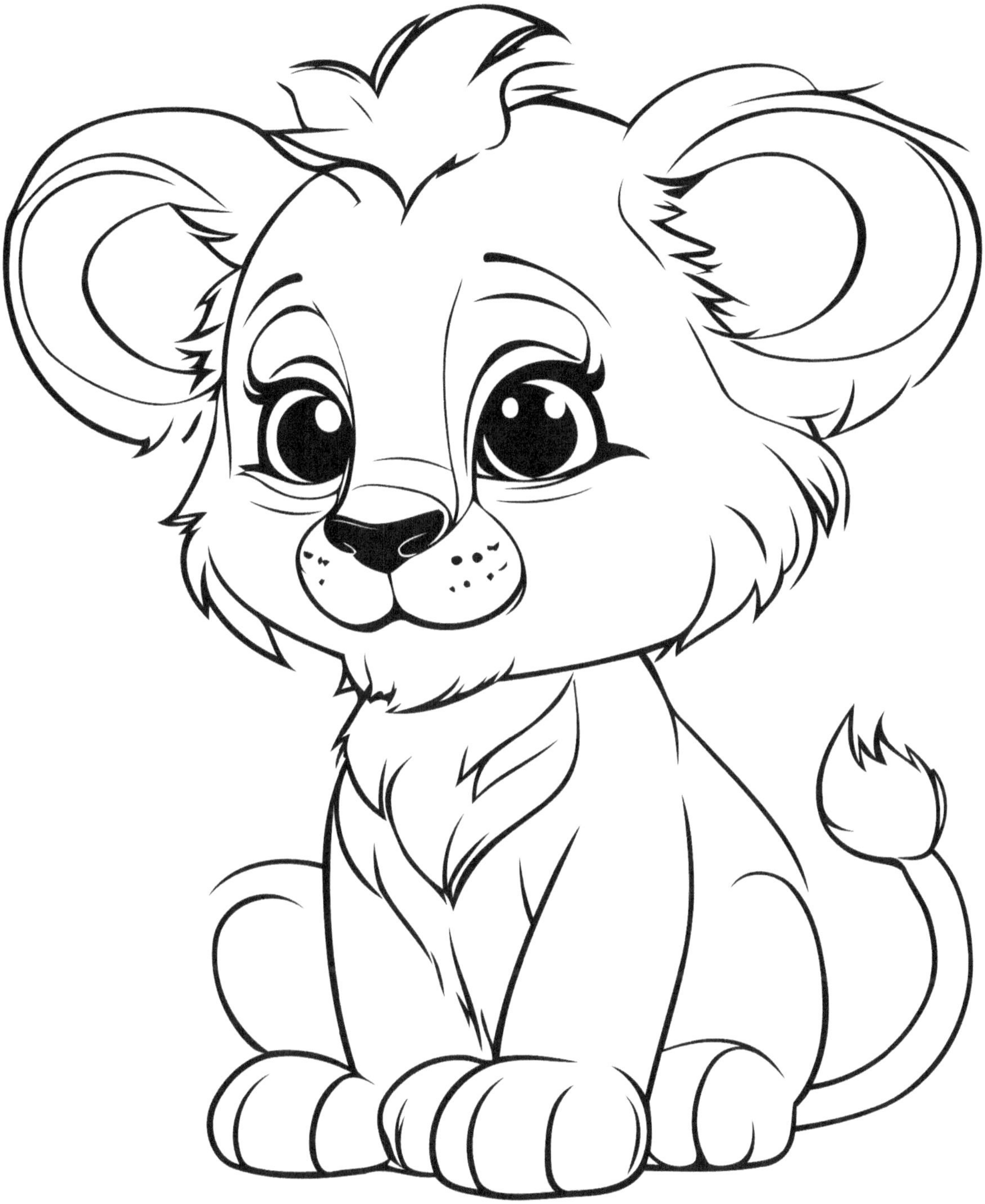

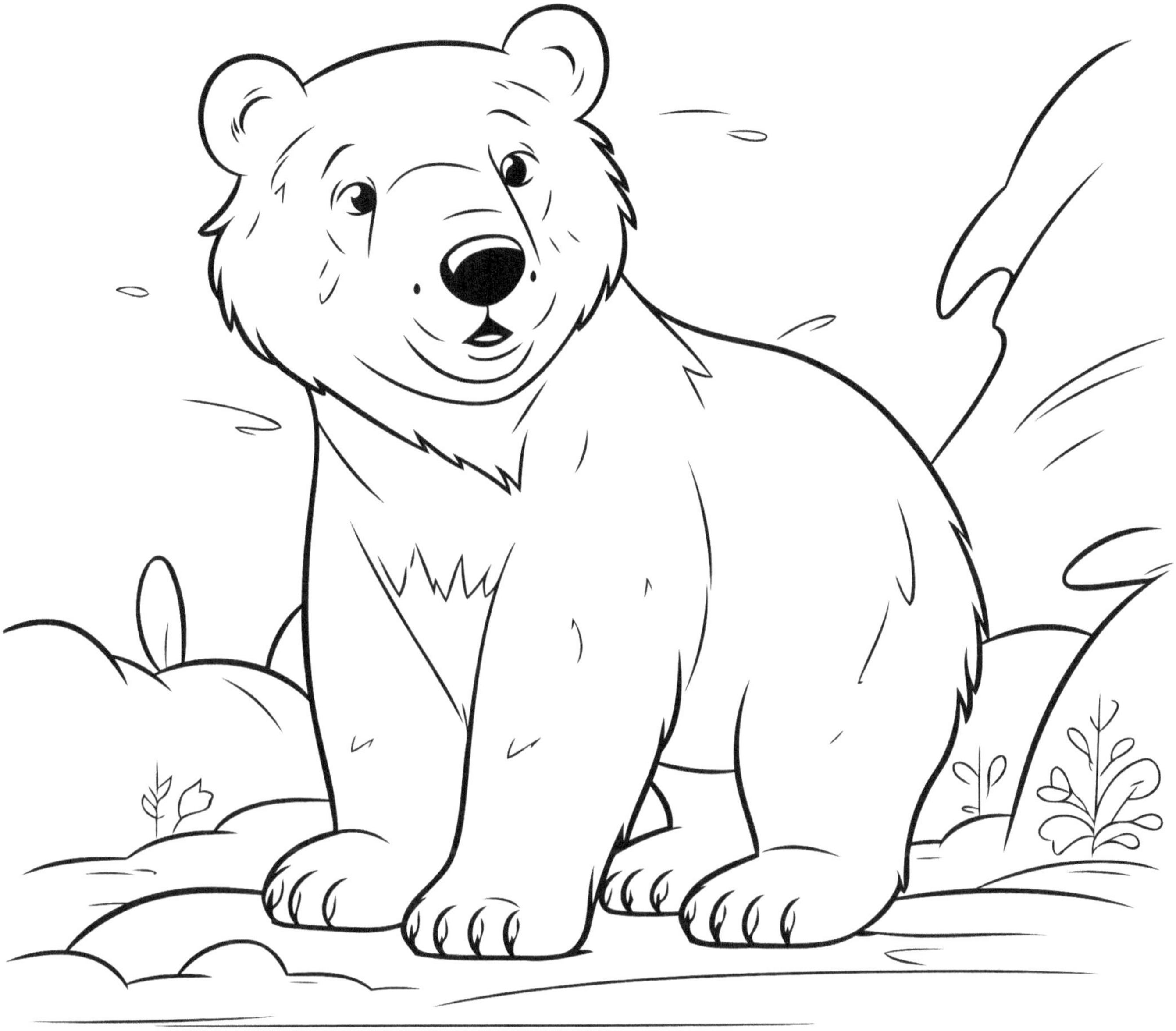

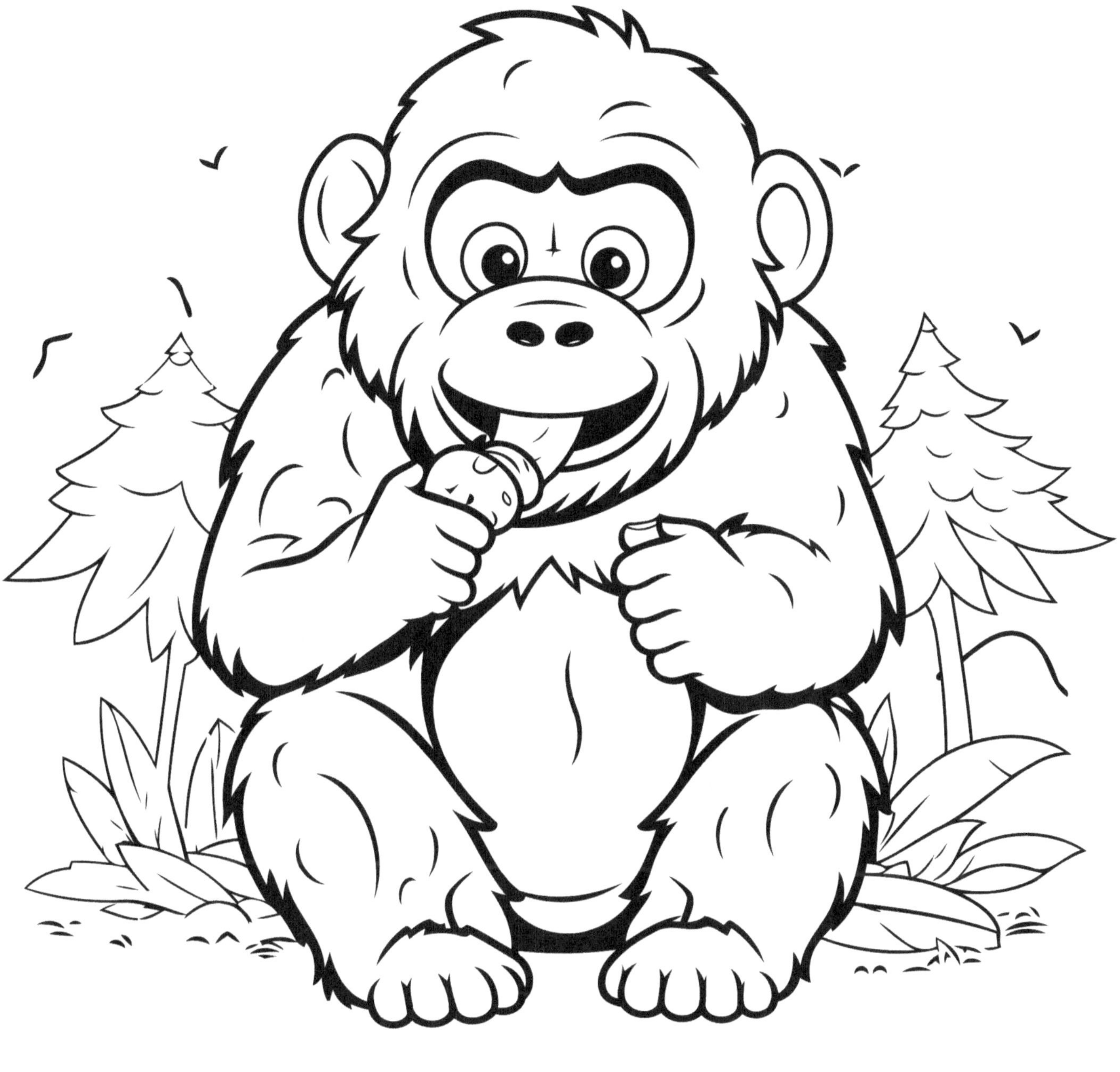

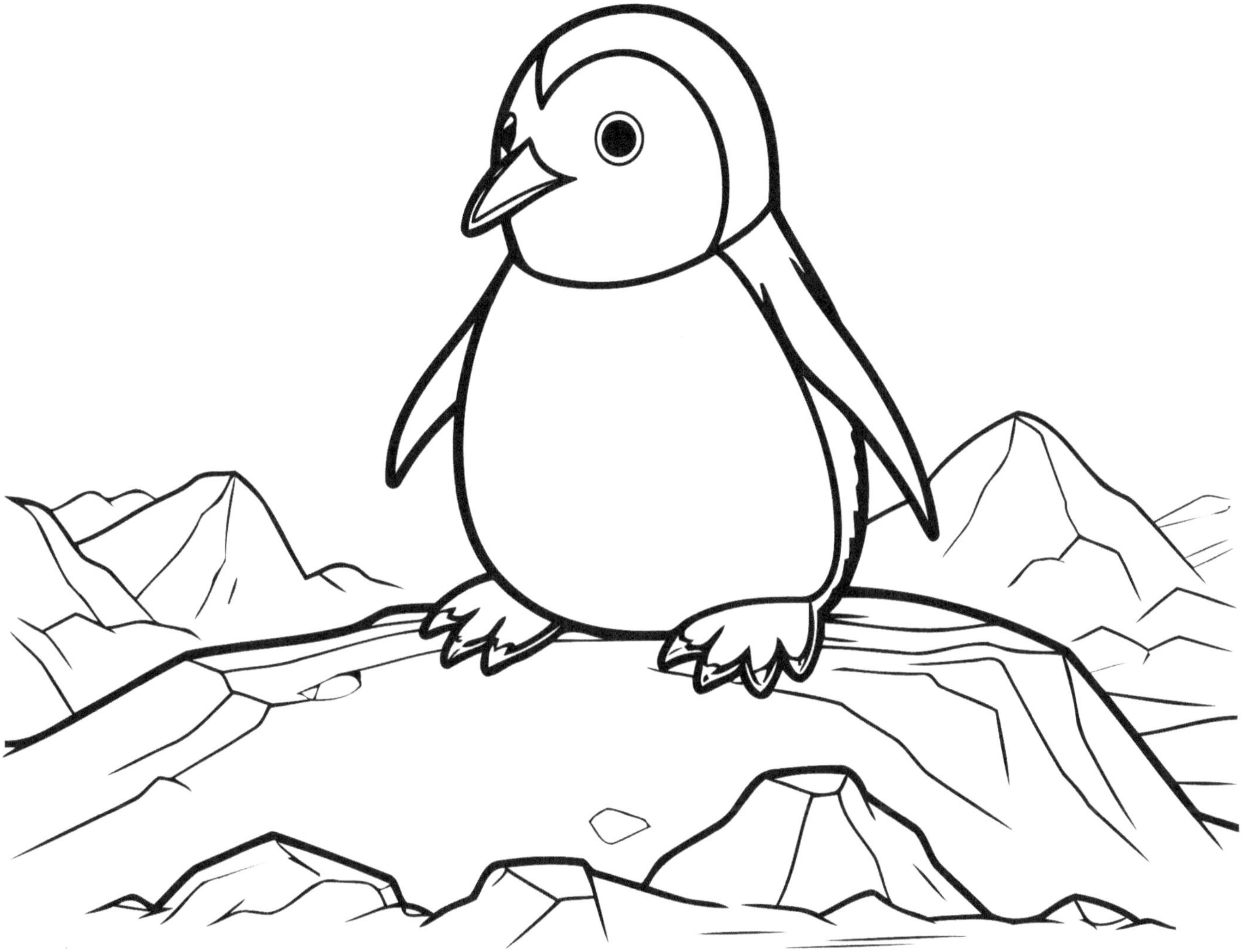

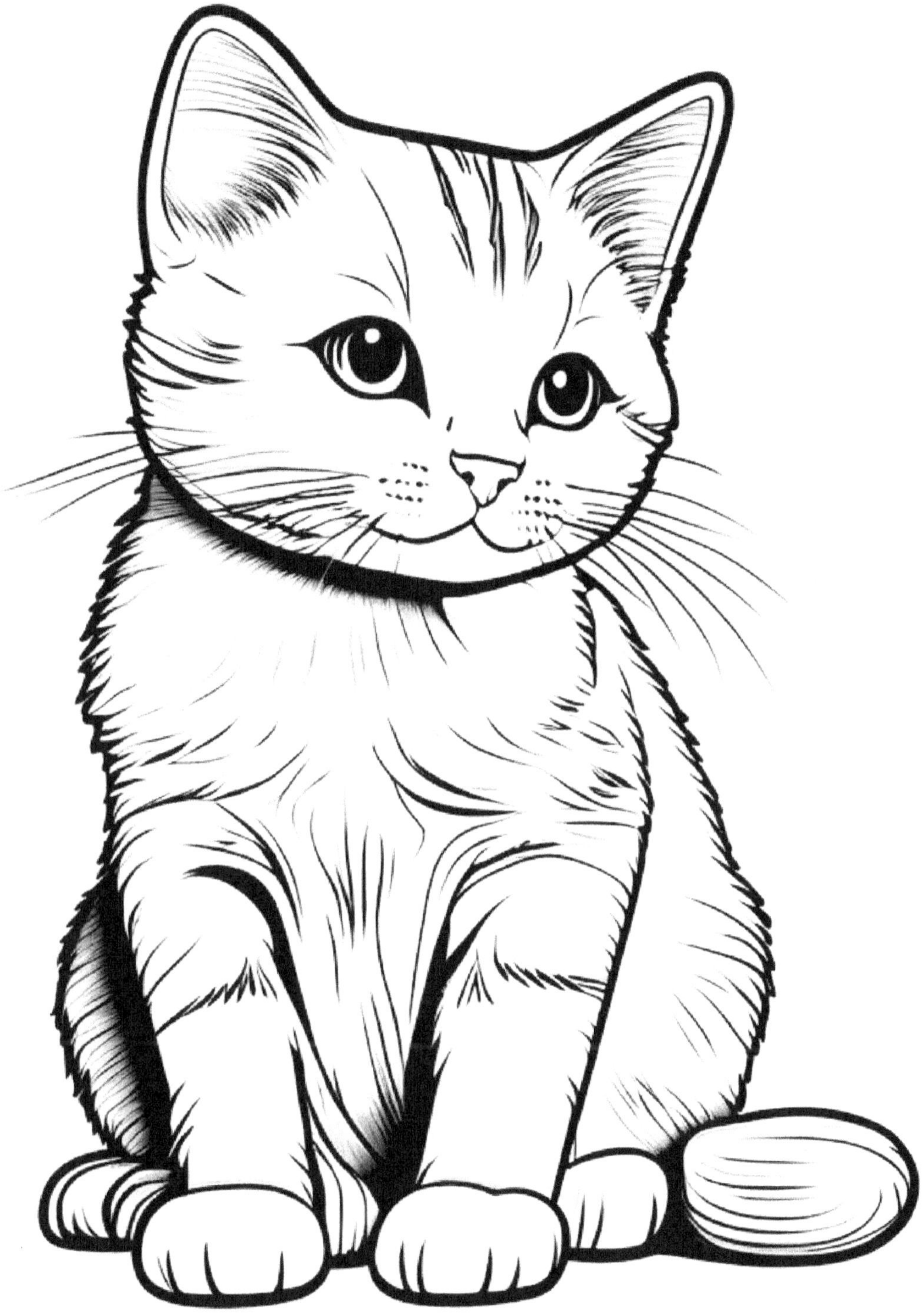

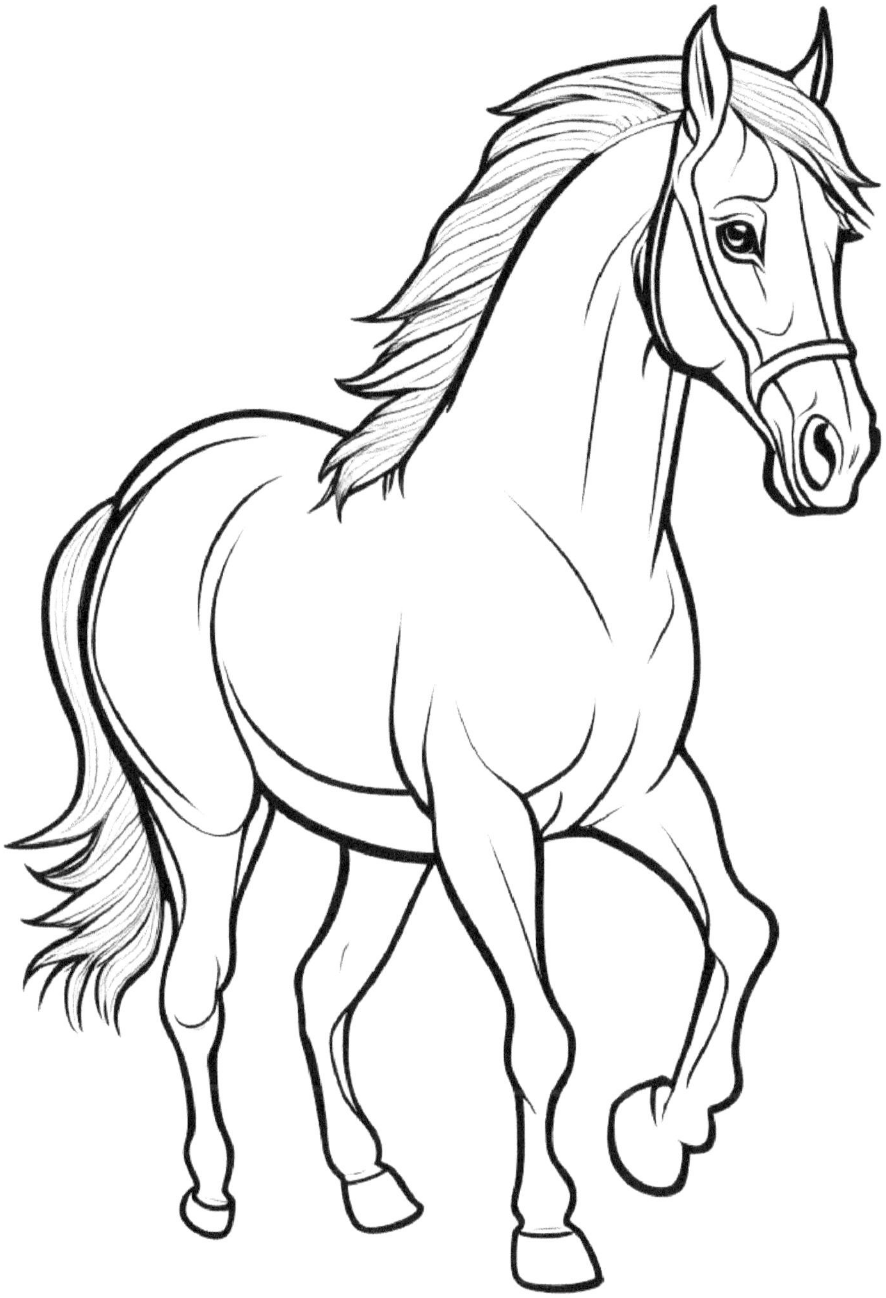

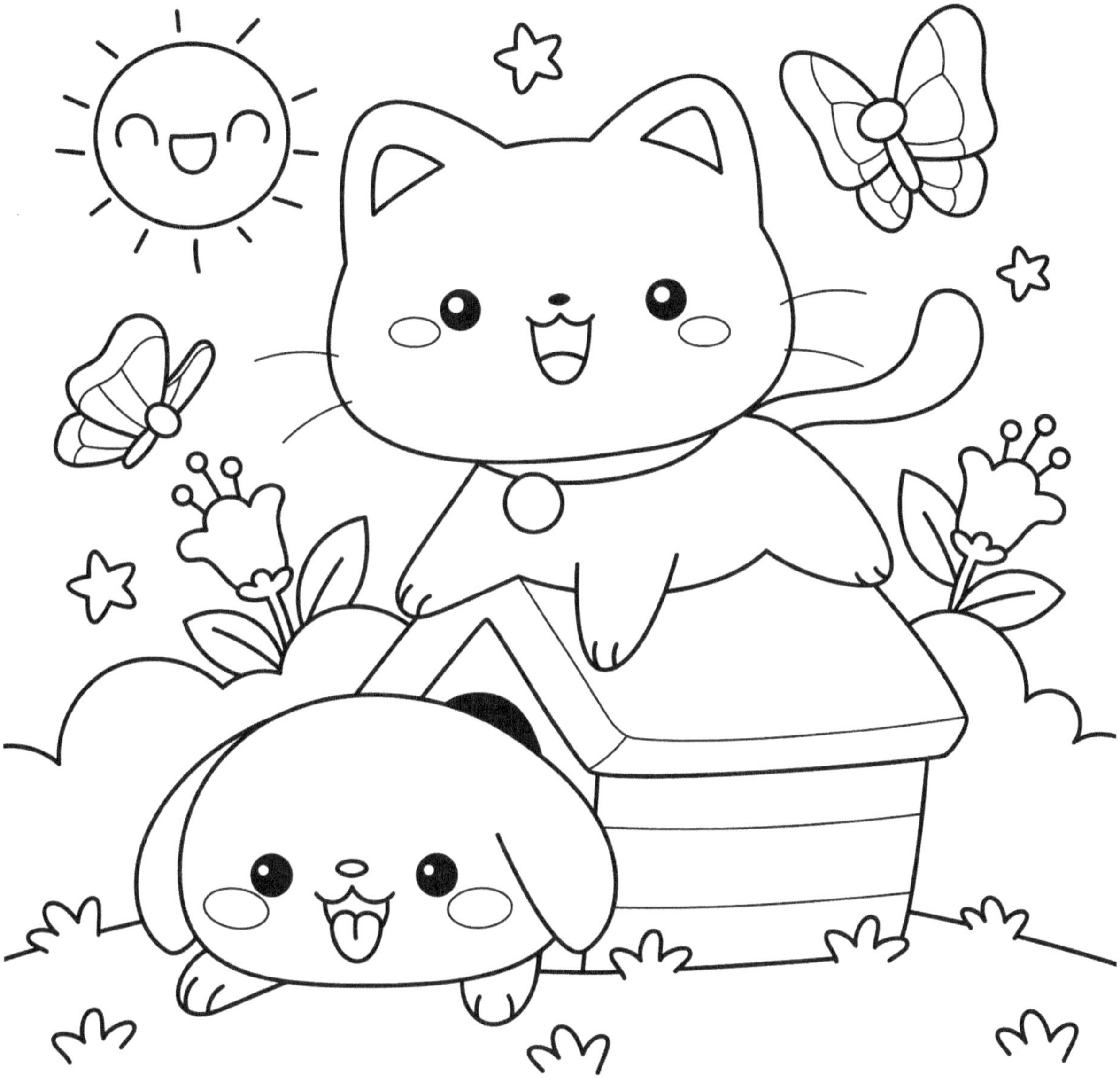

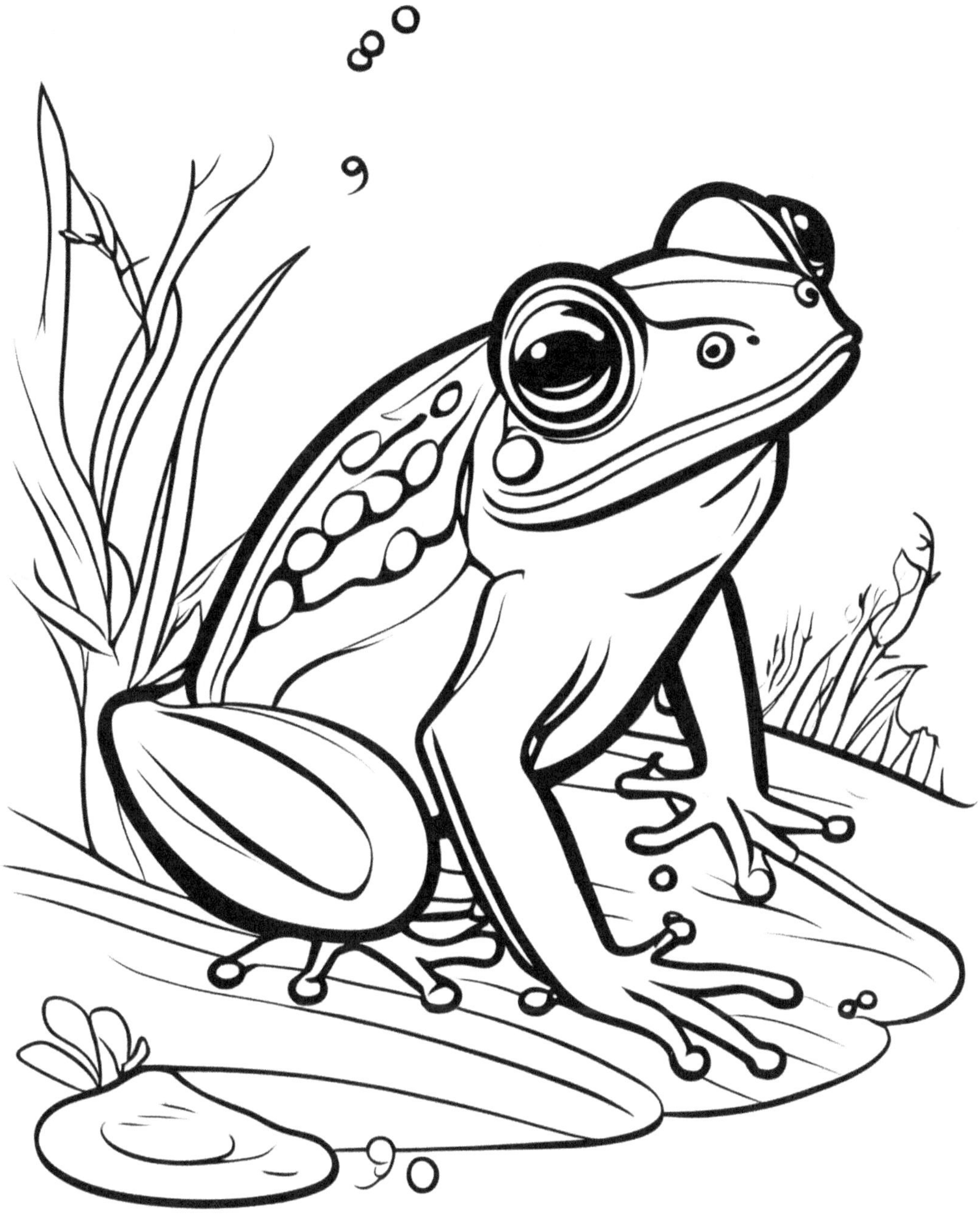

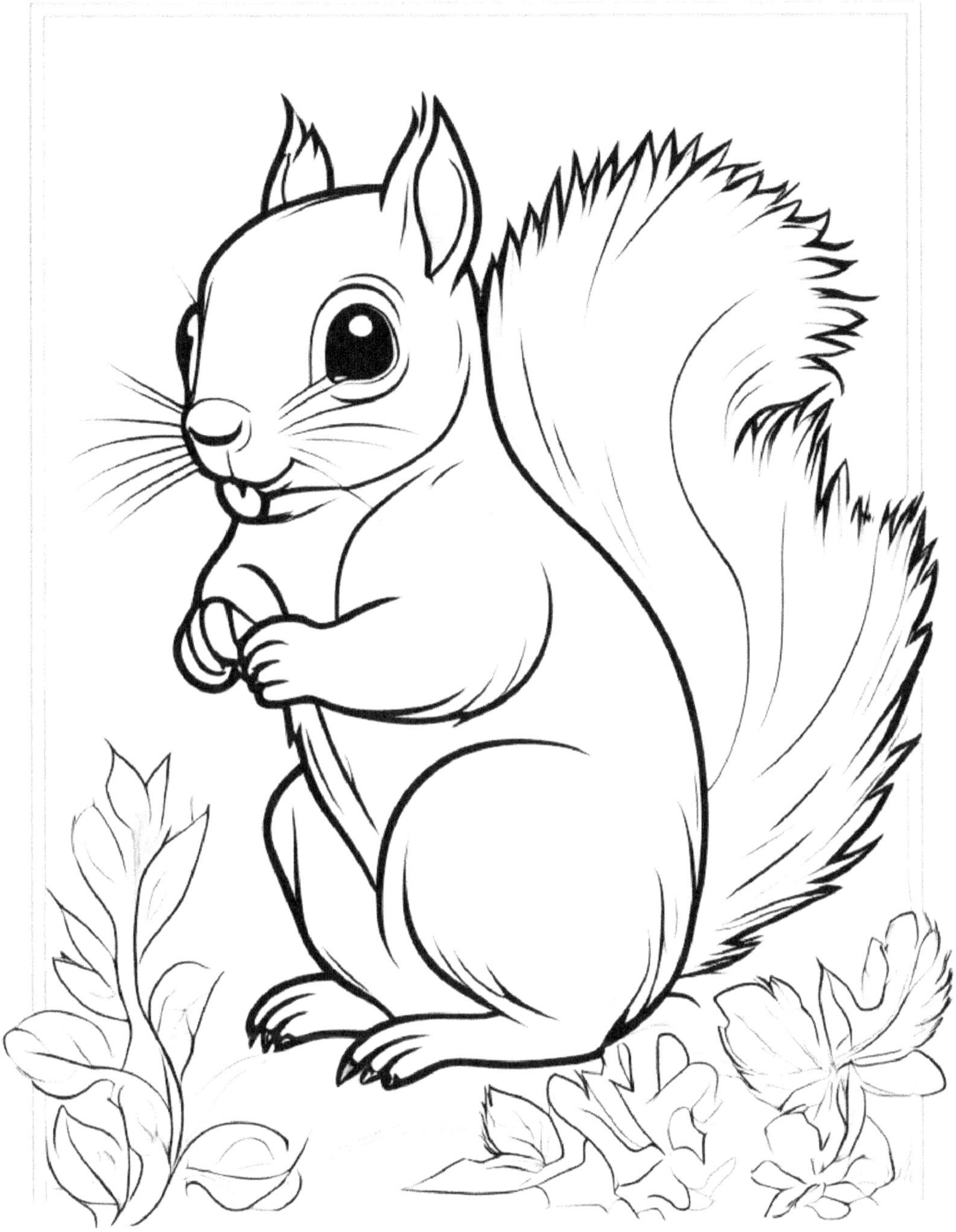

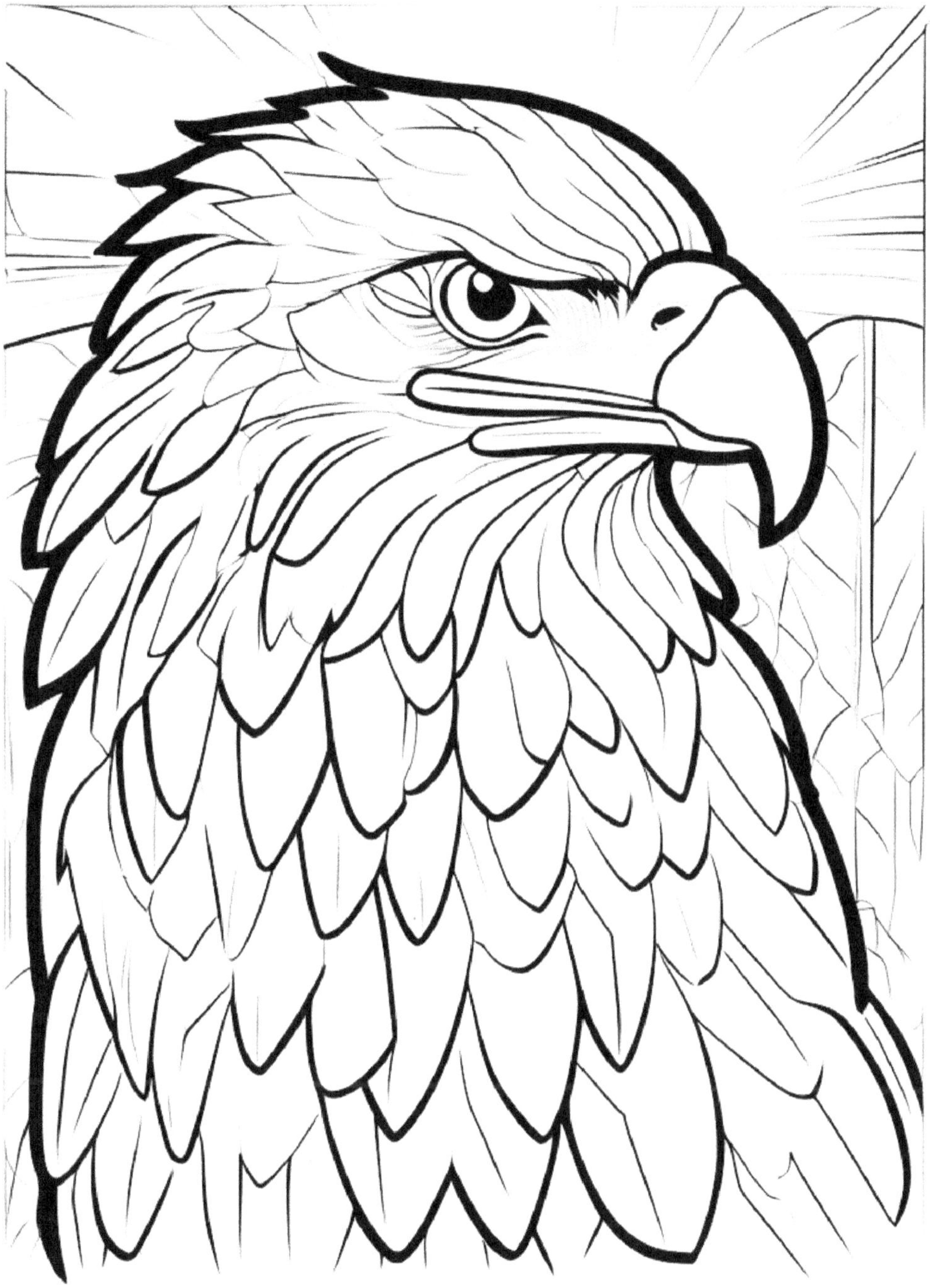

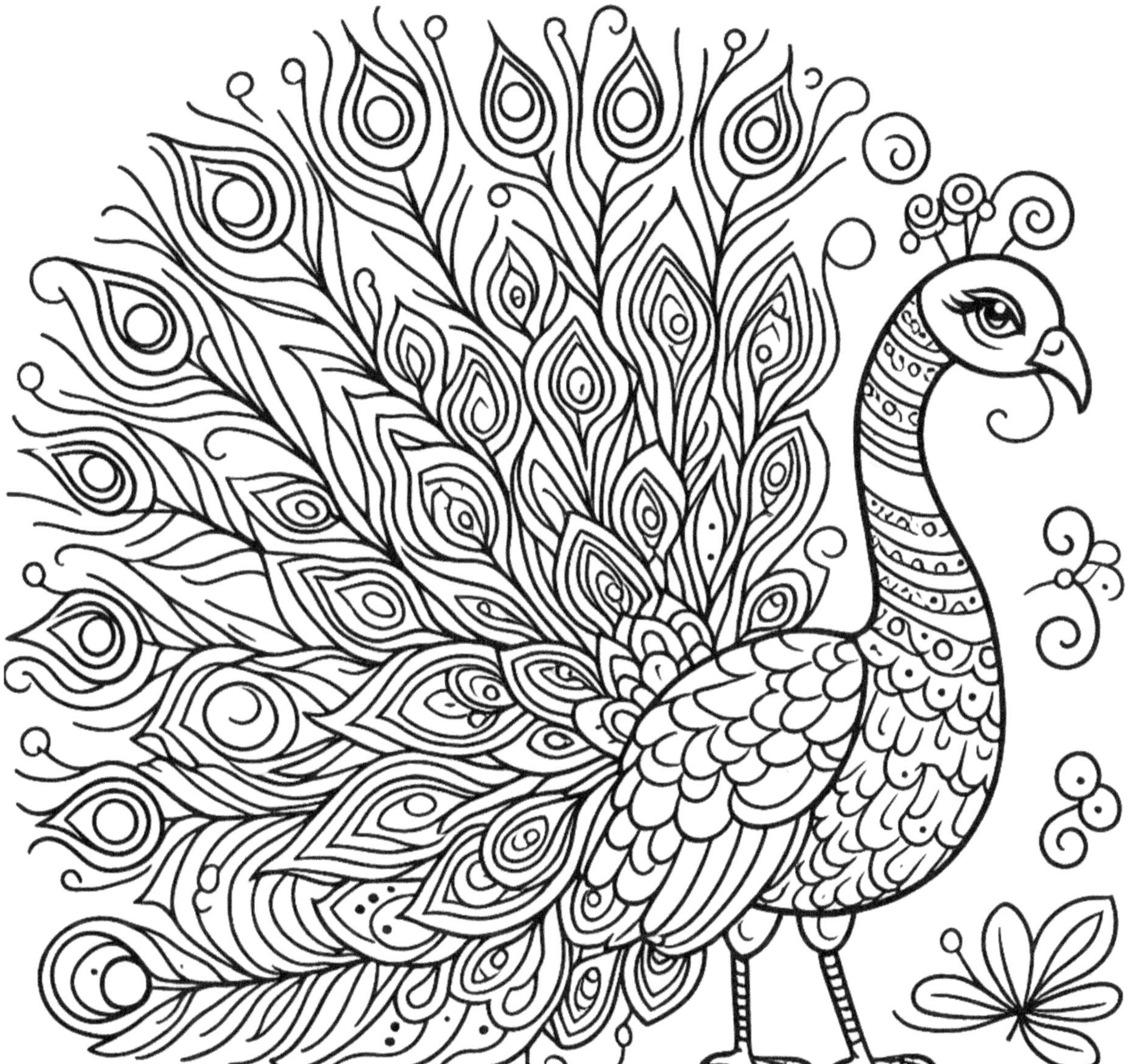

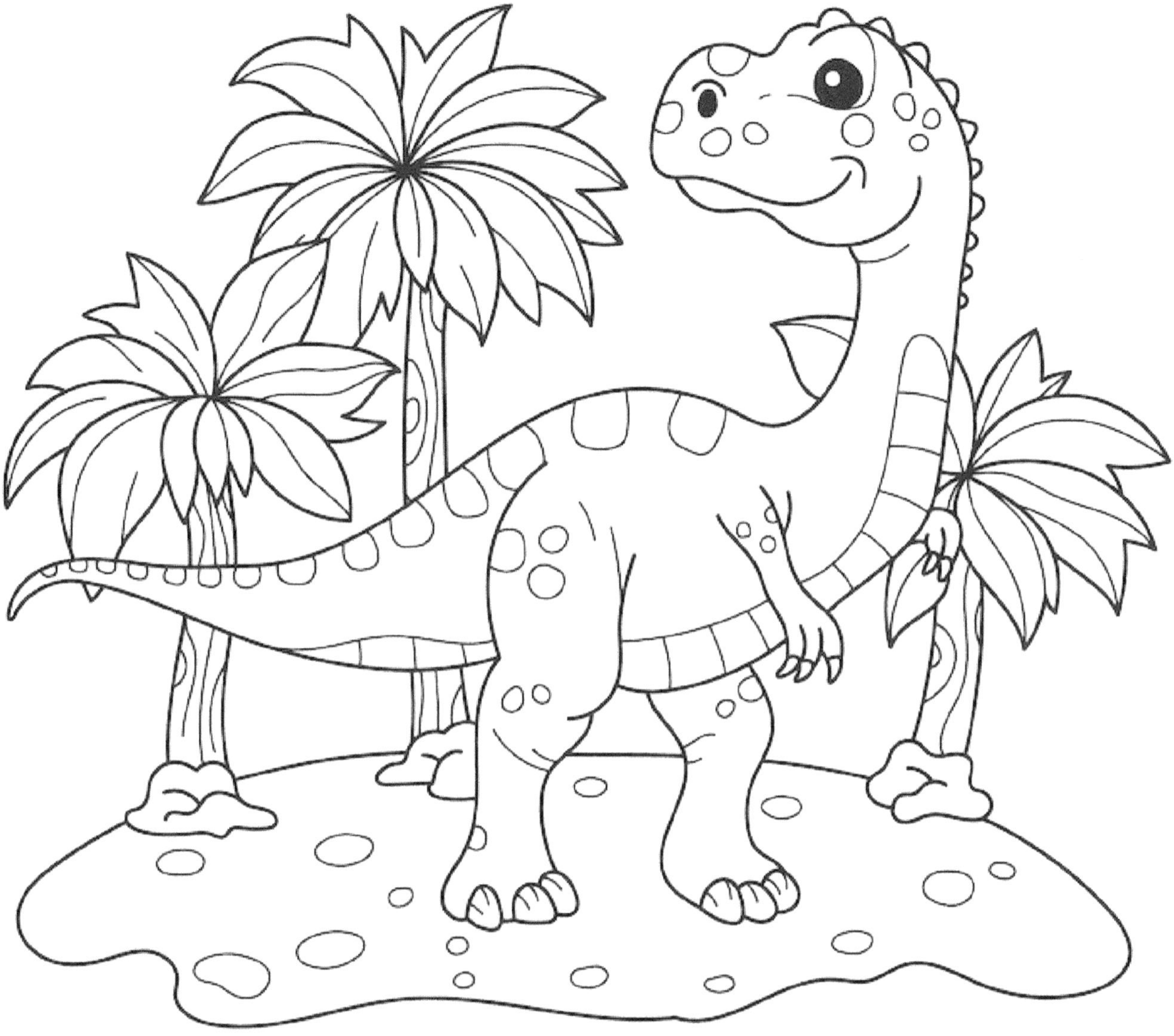

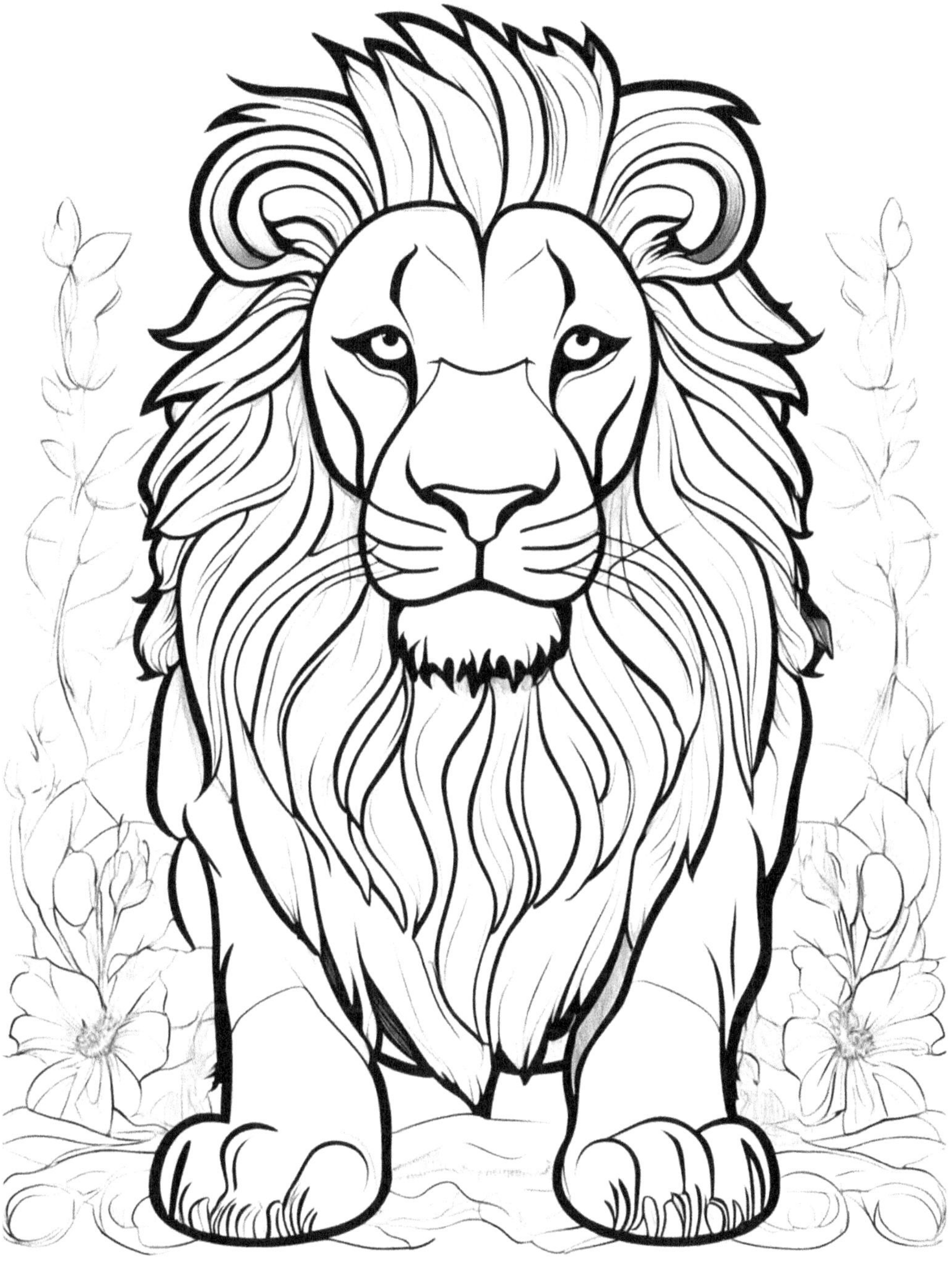

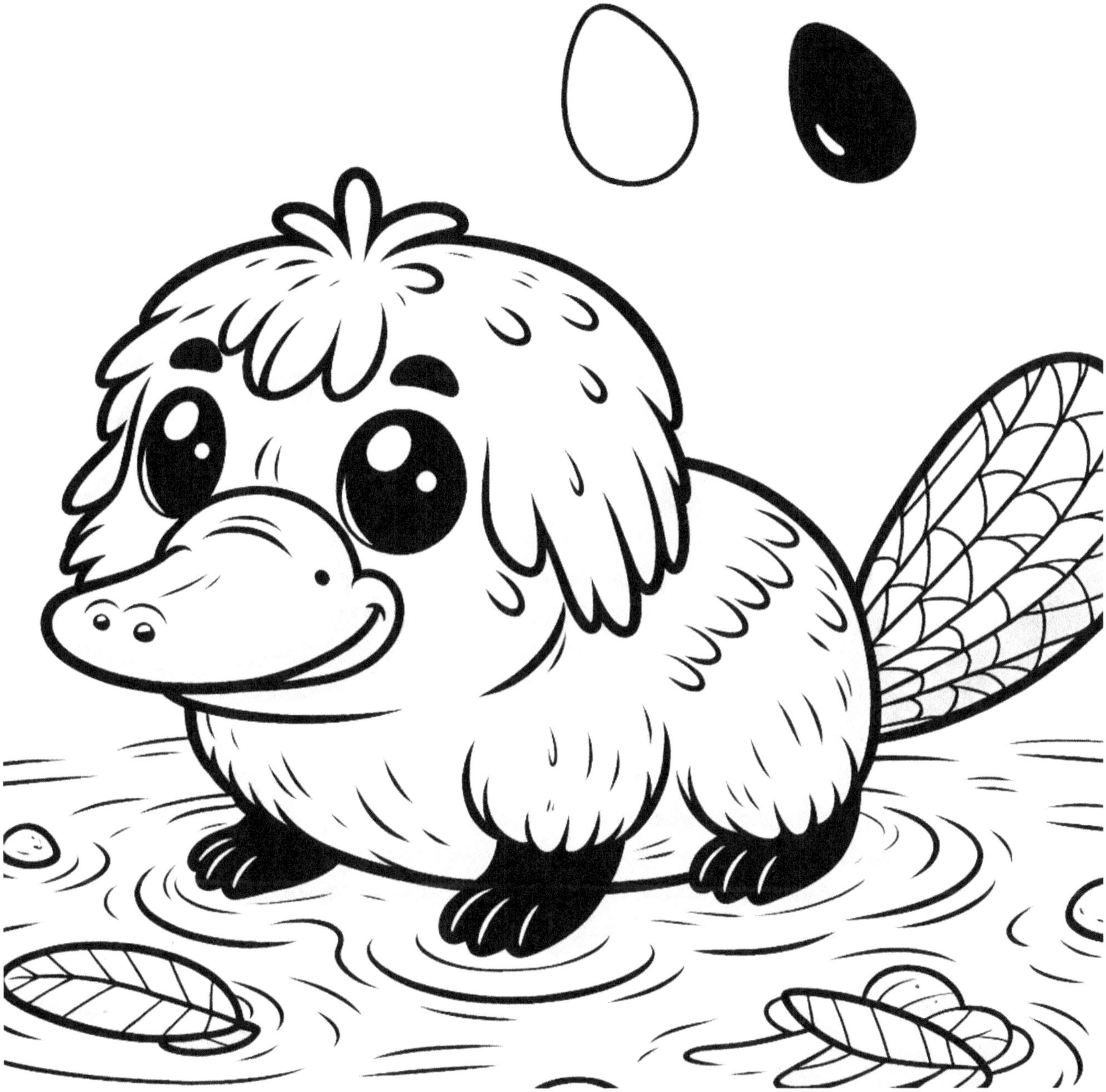

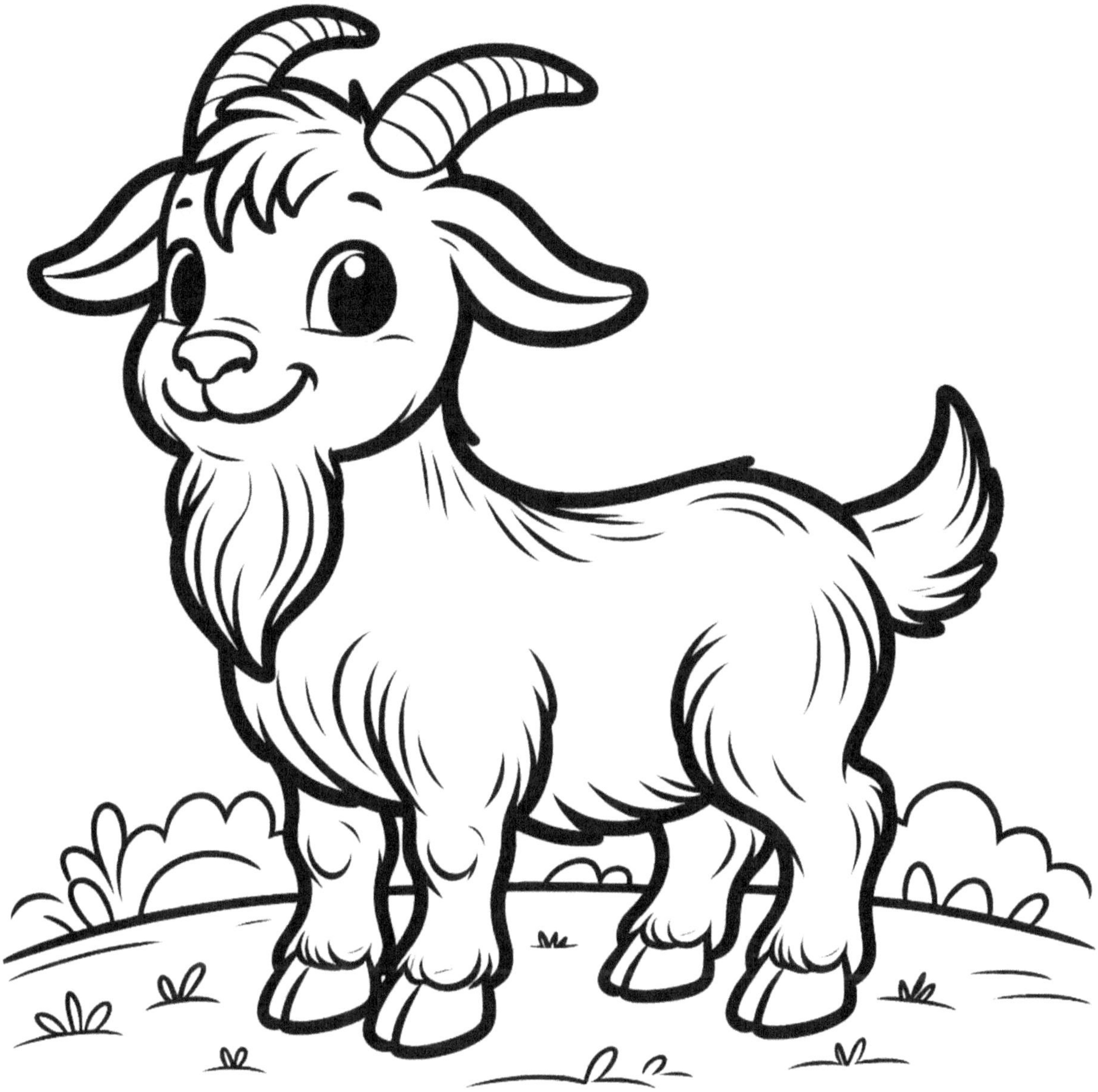

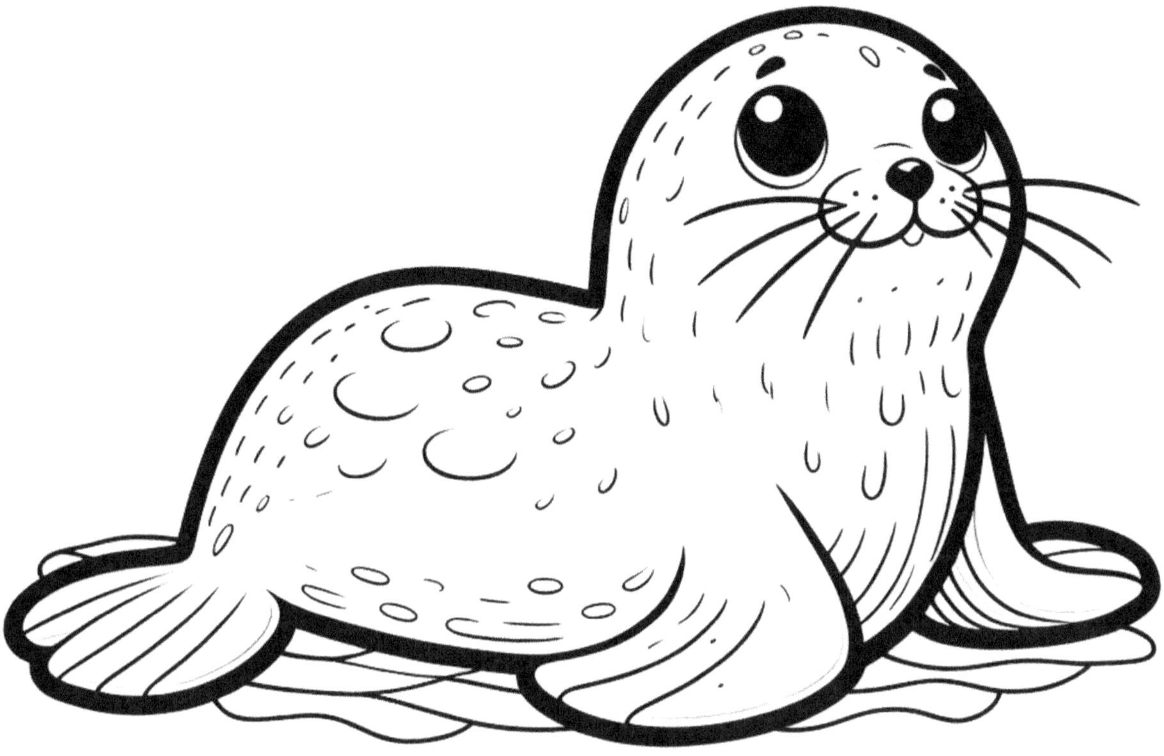

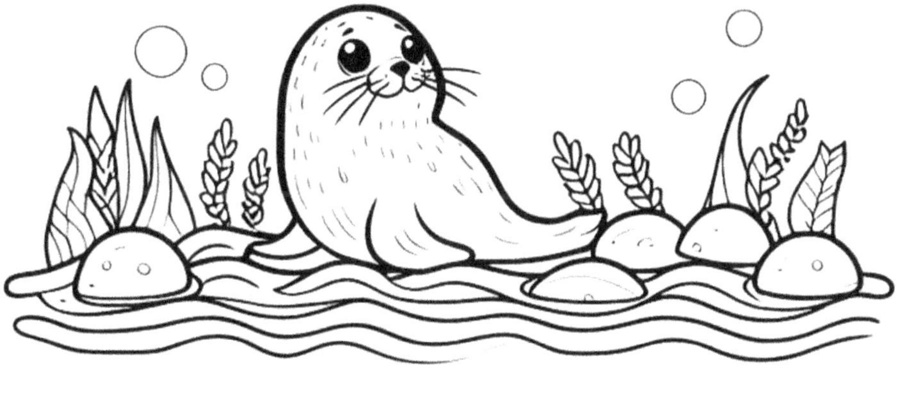

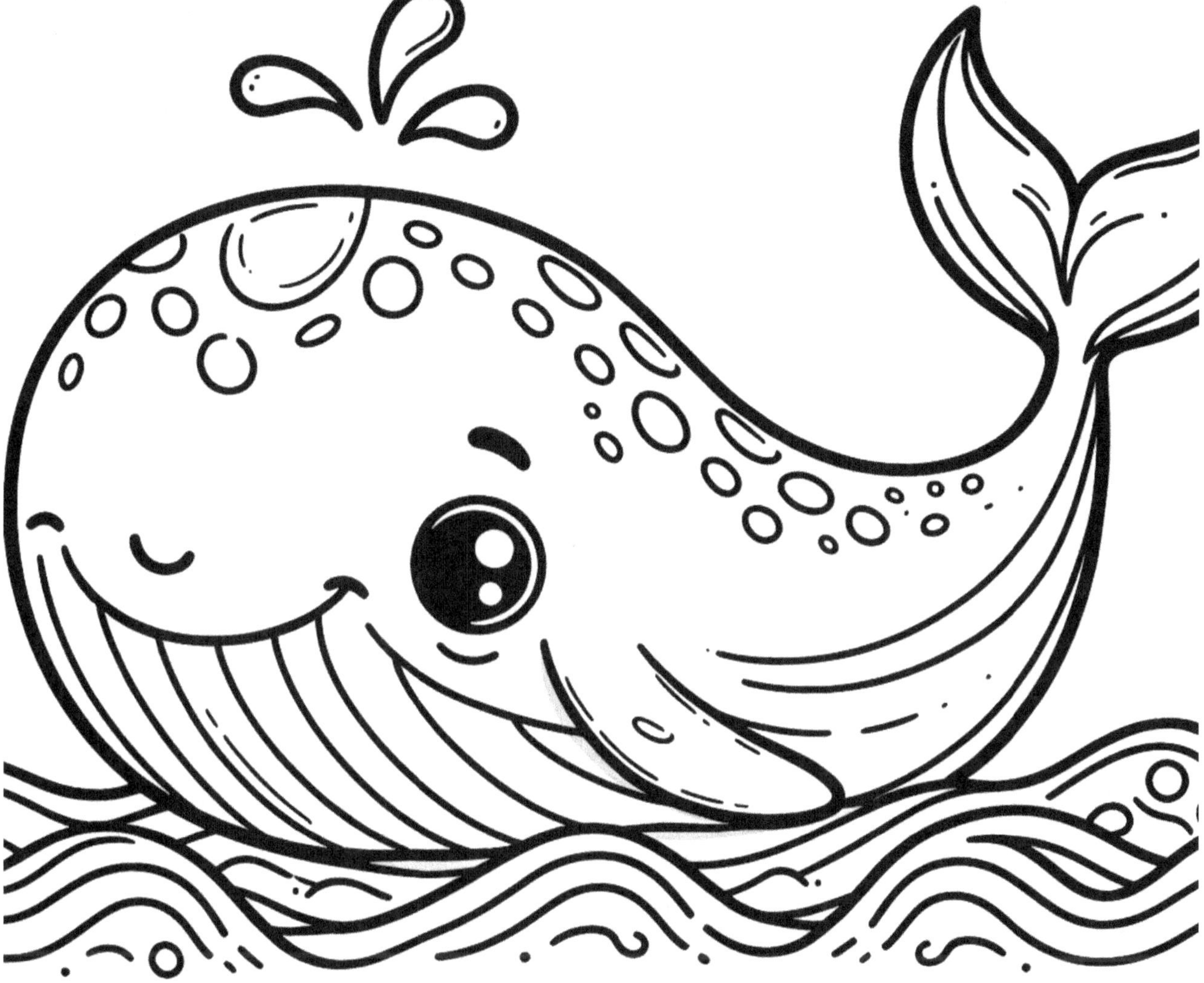

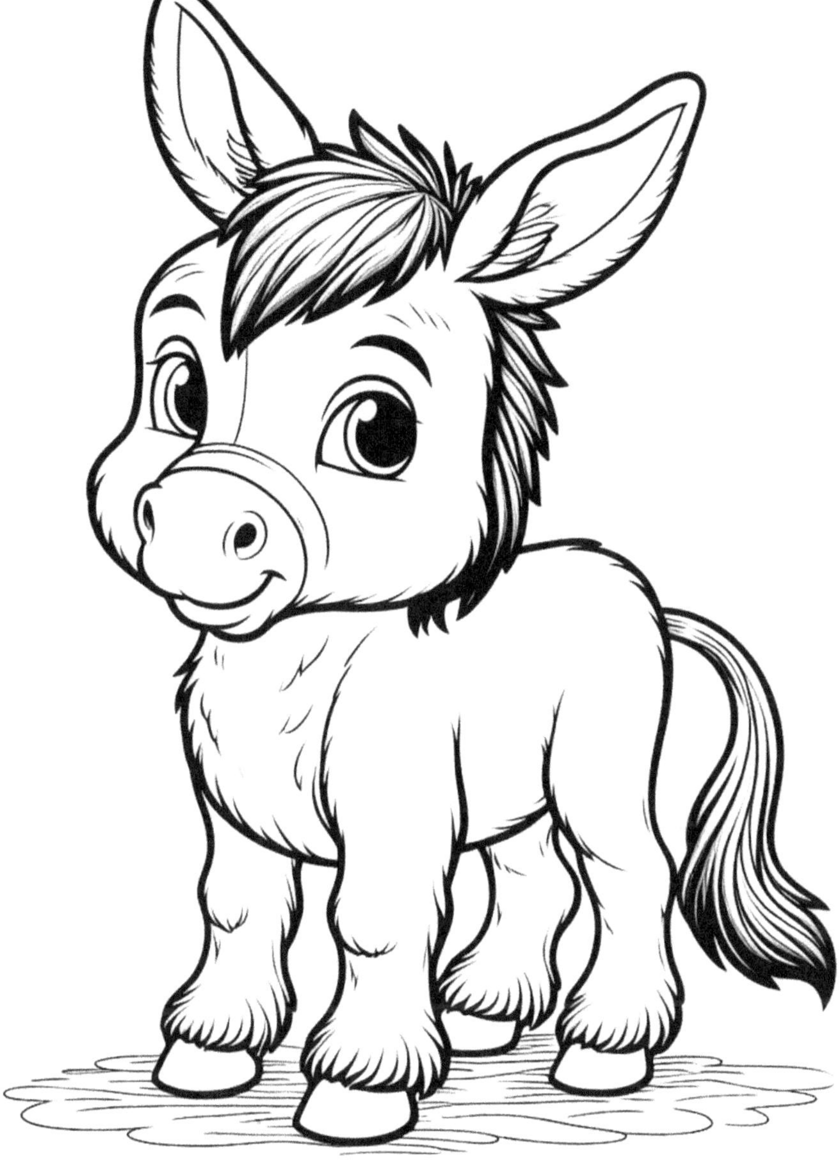

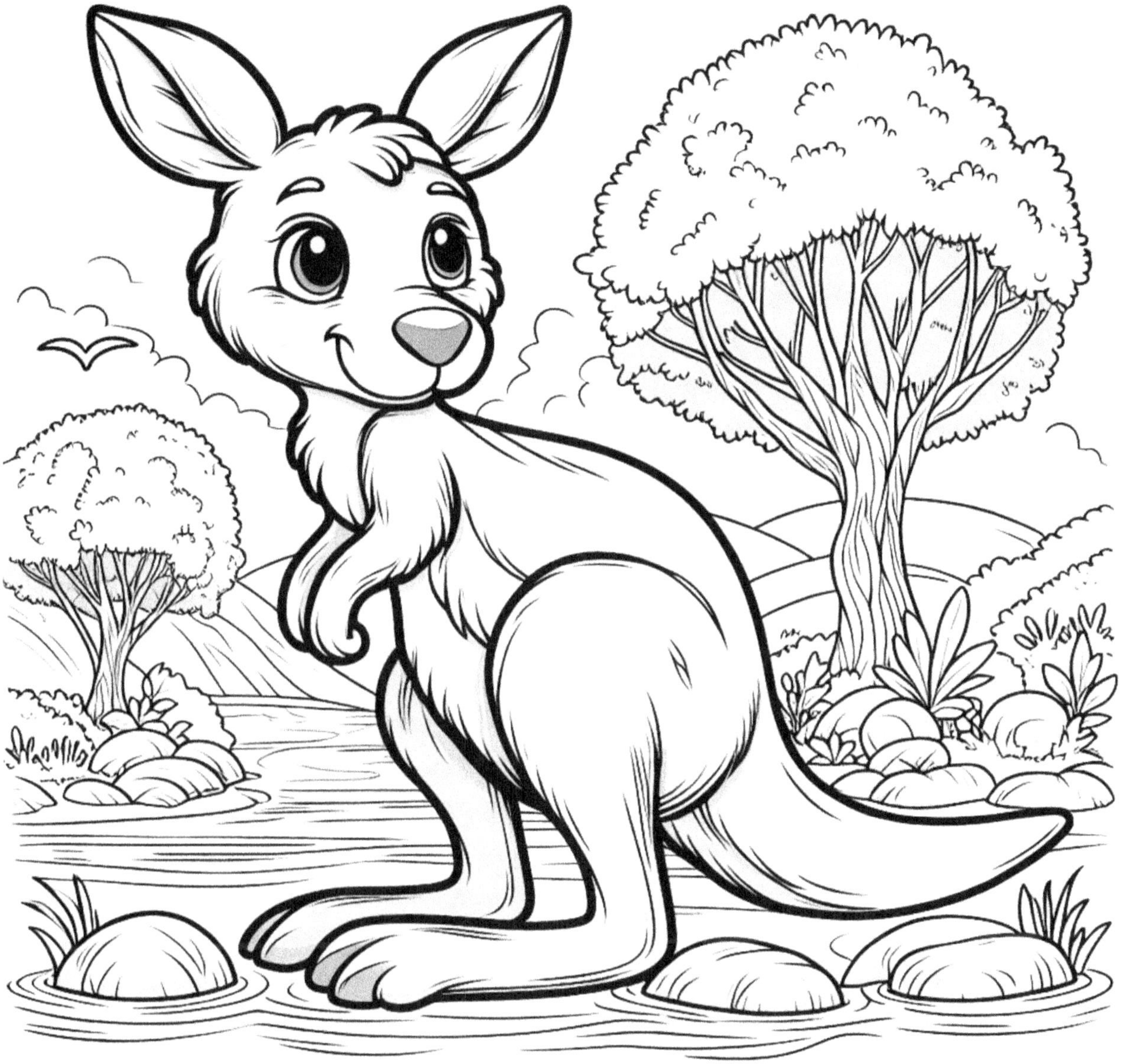

www.ingramcontent.com/pod-product-compliance
Lightning Source LLC
Chambersburg PA
CBHW062125220526
45471CB00010B/3883
9798321755310